개역개정

하나님을 닮아가기
원하는
당신을 위하여
준비되었습니다

교 회 _____

소 속 _____

이 름 _____

시작한 날 _____ 년 ____ 월 ____ 일
끝마친 날 _____ 년 ____ 월 ____ 일

'매일 하루 말씀묵상'

'매일 하루 말씀묵상'은 살아있고 활력이 있는 하나님의 말씀을 감성적인 글씨로 쓴 말씀그라피를 통해 성도들이 31일 동안 매일 하루 한 구절씩 필사, 묵상, 기도, 삶에 적용하며 자신의 신앙을 지켜갈 수 있도록 돕는 묵상집입니다.

또한 본 묵상집에 수록된 말씀 이미지를 스마트폰으로 다운로드해서 그날의 묵상한 말씀을 언제 어디서나 볼 수 있으며 가까운 지인들과 그 은혜를 함께 나눌 수 있습니다.

'청현재이 말씀그라피'

'매일 하루 말씀묵상'에 수록된 청현재이 말씀그라피는 멋이 있는 글씨가 아닌 감성적이면서 묵상하기 좋은 가독성이 있는 글씨이며, 오직 그리스도인들의 깊은 묵상을 위해 기도하며 말씀의 영성으로 쓰여진 묵상 글씨입니다.

너희는 우리로 말미암아
나타난 그리스도의 편지니
이는 먹으로 쓴 것이 아니요
오직 살아 계신 하나님의
영으로 쓴 것이며
또 돌판에 쓴 것이 아니요
오직 육의 마음판에 쓴 것이라
_고린도후서 3:3

'매일 하루 말씀묵상'의 특별함

1. 한 달간 말씀을 묵상할 수 있도록 총 31개의 '말씀그라피'가 수록되어 있습니다.
2. 성경 66권 중에서 구·신약을 막론하고 교회 성도들이 믿음의 삶을 살아가는데 꼭 필요한 말씀을 선별하여 수록하였습니다.
3. 매일 하루 감성적인 글씨, '말씀그라피'로 쓰여 있는 성경 말씀을 통하여 자녀에게 주신 아버지 하나님의 마음을 느끼게 됩니다.
4. 매일 하루 말씀을 읽고, 따라 쓰고, 묵상하고, 기도하는 습관으로 참 그리스도인의 삶을 살 수 있게 도와줍니다.

'매일 하루 말씀묵상' 사용방법

1. 하나님께 신령과 진정으로 감사의 기도를 드립니다.
2. 매일 하루 말씀 한 구절을 천천히 읽습니다.
3. 우측 페이지에 말씀을 입으로 읊조리며 필사합니다.
4. 묵상한 말씀을 마음에 새기며, 묵상 내용과 하나님이 주신 마음에 대해서 자유롭게 작성합니다.
5. 그 말씀에 순종할 것을 다짐하며 한 줄 기도 작성 후, 하나님께 기도를 드립니다.
6. 내 삶에 적용하고, 말씀 이미지(QR코드 접속)를 통해 주변인들과 그 은혜를 함께 나눕니다.

\# 하단의 QR코드로 접속하면 31가지 말씀 이미지를 다운로드할 수 있습니다.

* 위의 말씀 이미지는 말씀 나눔을 위해 제공하는 것이므로 그 외의 목적(상업적 포함)으로 사용할 수 없습니다.

사용순서

- 감사의 기도
- 말씀 읽기
- 읊조리며 필사하기
- 묵상하기
- 한 줄 기도
- 나누기

하나님은 영이시니 예배하는 자가
영과 진리로 예배할지니라
_요한복음 4:24

사용 예시

묵상 순서
(날짜)

말씀을 읊조리며
필사합니다

묵상한 날짜를
기록합니다

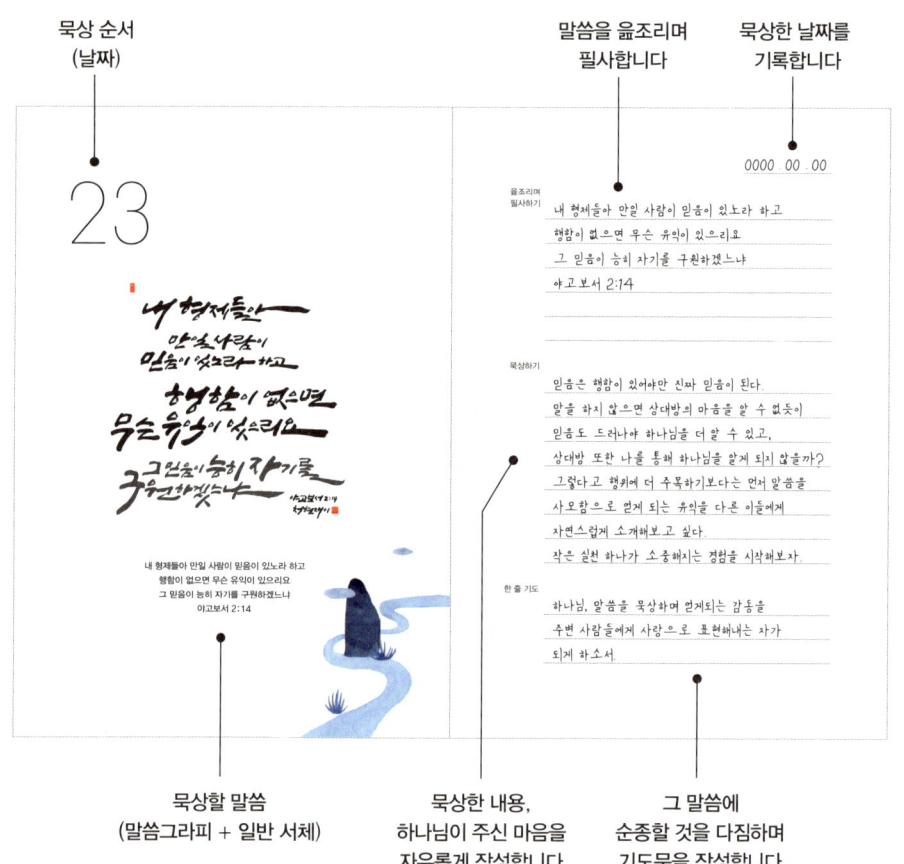

묵상할 말씀
(말씀그라피 + 일반 서체)

묵상한 내용,
하나님이 주신 마음을
자유롭게 작성합니다

그 말씀에
순종할 것을 다짐하며
기도문을 작성합니다

/ 활용 Tip /
더 깊이 있는 묵상이 필요할 땐 묵상할 말씀의 앞, 뒤 구절이나 장을 성경에서 찾아 묵상해보세요.
더 살아있는 말씀의 은혜를 경험할 것입니다.

신앙 점검 체크리스트

순서 (날짜)	필사	묵상	나눔	순서 (날짜)	필사	묵상	나눔
1	○	○	○	17	○	○	○
2	○	○	○	18	○	○	○
3	○	○	○	19	○	○	○
4	○	○	○	20	○	○	○
5	○	○	○	21	○	○	○
6	○	○	○	22	○	○	○
7	○	○	○	23	○	○	○
8	○	○	○	24	○	○	○
9	○	○	○	25	○	○	○
10	○	○	○	26	○	○	○
11	○	○	○	27	○	○	○
12	○	○	○	28	○	○	○
13	○	○	○	29	○	○	○
14	○	○	○	30	○	○	○
15	○	○	○	31	○	○	○
16	○	○	○				

1

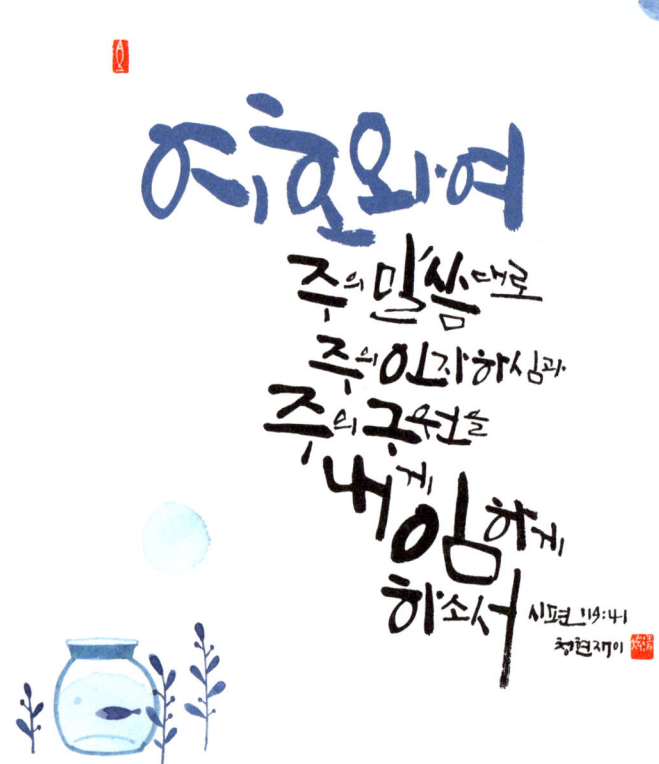

여호와여 주의 말씀대로 주의 인자하심과
주의 구원을 내게 임하게 하소서
그리하시면 내가 나를 비방하는 자들에게
대답할 말이 있사오리니 내가 주의 말씀을 의지함이니이다
시편119:41-42

．　．

**읊조리며
필사하기**

묵상하기

한 줄 기도

2

지혜로운 자의
재물은
그의 면류관이요
미련한 자의
소유는
다만
미련한 것이니라
잠언 14:24
청현재이

모든 수고에는 이익이 있어도 입술의 말은
궁핍을 이룰 뿐이니라 지혜로운 자의 재물은 그의
면류관이요 미련한 자의 소유는 다만 미련한 것이니라
진실한 증인은 사람의 생명을 구원하여도
거짓말을 뱉는 사람은 속이느니라
잠언 14:23-25

**읊조리며
필사하기**

묵상하기

한 줄 기도

3

하나님이여 우리를 돌이키시고
주의 얼굴빛을 비추사 우리가 구원을 얻게 하소서
시편 80:3

읊조리며
필사하기

묵상하기

한 줄 기도

4

하나님이 이르시되
내가 반드시 너와 함께 있으리라
출애굽기 3:12

모세가 하나님께 아뢰되 내가 누구이기에 바로에게 가며
이스라엘 자손을 애굽에서 인도하여 내리이까
하나님이 이르시되 내가 반드시 너와 함께 있으리라
네가 그 백성을 애굽에서 인도하여 낸 후에 너희가 이 산에서
하나님을 섬기리니 이것이 내가 너를 보낸 증거니라
출애굽기 3:11-12

**읊조리며
필사하기**

묵상하기

한 줄 기도

5

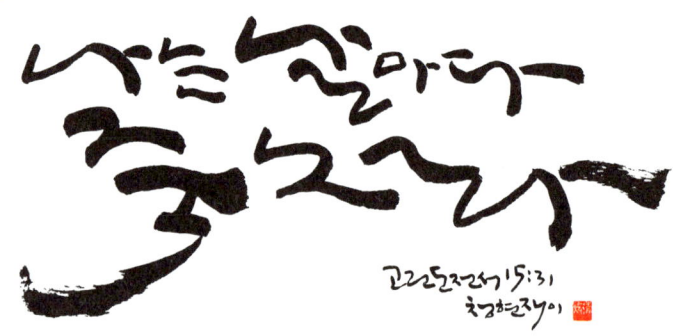

형제들아
내가 그리스도 예수 우리 주 안에서
가진 바 너희에 대한 나의 자랑을 두고 단언하노니
나는 날마다 죽노라
고린도전서 15:31

읊조리며
필사하기

묵상하기

한 줄 기도

6

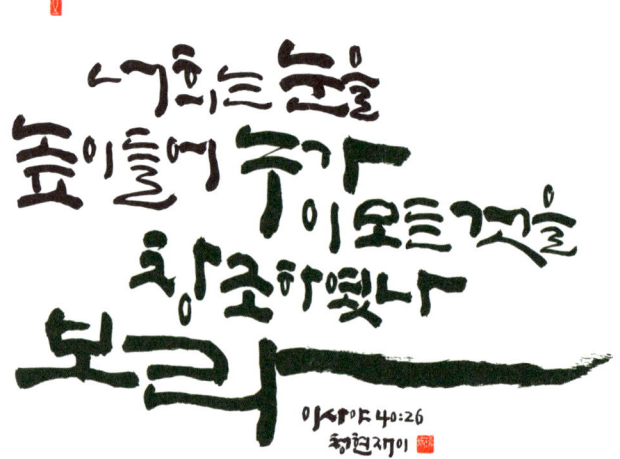

너희는 눈을 높이 들어 누가 이 모든 것을 창조하였나 보라
주께서는 수효대로 만상을 이끌어 내시고 그들의 모든 이름을 부르시나니
그의 권세가 크고 그의 능력이 강하므로 하나도 빠짐이 없느니라
이사야 40:26

읊조리며
필사하기

묵상하기

한 줄 기도

7

어리석고
무식한 변론을
버리라
이에서 다툼이 나는 줄
알지이라
디모데후서 2:23
청춘쟁이

어리석고 무식한 변론을 버리라
이에서 다툼이 나는 줄 앎이라
디모데후서 2:23

읊조리며 필사하기

묵상하기

한 줄 기도

> 그는
> 네 아버지시오
> 너를 지으신
> 이가 아니시냐
>
> 그가
> 너를 만드시고
> 너를
> 세우셨도다
>
> 신명기 32:6

어리석고 지혜 없는 백성아
여호와께 이같이 보답하느냐
그는 네 아버지시요 너를 지으신 이가 아니시냐
그가 너를 만드시고 너를 세우셨도다
신명기 32:6

**읊조리며
필사하기**

묵상하기

한 줄 기도

9

너희가 나를 택한 것이 아니요
내가 너희를 택하여 세웠나니
이는 너희로 가서 열매를 맺게 하고
또 너희 열매가 항상 있게 하여
내 이름으로 아버지께
무엇을 구하든지 다 받게 하려 함이라
요한복음 15:16

너희가 나를 택한 것이 아니요 내가 너희를 택하여 세웠나니
이는 너희로 가서 열매를 맺게 하고
또 너희 열매가 항상 있게 하여 내 이름으로
아버지께 무엇을 구하든지 다 받게 하려 함이라
요한복음 15:16

**읊조리며
필사하기**

묵상하기

한 줄 기도

10

내가 너로 큰 민족을 이루고 네게 복을 주어 네 이름을 창대하게 하리니 너는 복이 될지라

창세기 12:2

읊조리며 필사하기

묵상하기

한 줄 기도

11

나는 알파와 오메가요
처음과 마지막이라
내가 생명수 샘물을 목마른 자에게
값없이 주리니 이기는 자는
이것들을 상속으로 받으리라
요한계시록 21:6-7
청현재이

또 내게 말씀하시되 이루었도다
나는 알파와 오메가요 처음과 마지막이라
내가 생명수 샘물을 목마른 자에게 값없이 주리니
이기는 자는 이것들을 상속으로 받으리라
나는 그의 하나님이 되고 그는 내 아들이 되리라
요한계시록 21:6-7

읊조리며
필사하기

묵상하기

한 줄 기도

12

내가 평안히 눕고 자기도 하리니
나를 안전히 살게 하시는 이는 오직 여호와이시니이다
시편 4:8

읊조리며 필사하기

묵상하기

한 줄 기도

13

또 두 사람이 함께 누우면 따뜻하거니와 한 사람이면 어찌 따뜻하랴
한 사람이면 패하겠거니와 두 사람이면 맞설 수 있나니
세 겹 줄은 쉽게 끊어지지 아니하느니라
전도서 4:11-12

읊조리며 필사하기

묵상하기

한 줄 기도

14

우리는 하나님의 동역자들이요
너희는 하나님의 밭이요 하나님의 집이니라
고린도전서 3:9

**읊조리며
필사하기**

묵상하기

한 줄 기도

15

스스로 지혜롭게 여기지 말지어다
여호와를 경외하며 악을 떠날지어다
잠언 3:7

. .

**읊조리며
필사하기**

묵상하기

한 줄 기도

16

느헤미야가 또 그들에게 이르기를
너희는 가서 살진 것을 먹고 단 것을 마시되
준비하지 못한 자에게는 나누어 주라
이 날은 우리 주의 성일이니 근심하지 말라
여호와로 인하여 기뻐하는 것이 너희의 힘이니라 하고
느헤미야 8:10

. .

**읊조리며
필사하기**

묵상하기

한 줄 기도

17

그가
너를위하여
그의
천사들을
명령하사

네모든
길에서

너를
지키게
하심이라

시편 91:11
청현글쟁이

그가 너를 위하여 그의 천사들을 명령하사
네 모든 길에서 너를 지키게 하심이라
시편 91:11

읊조리며 필사하기

묵상하기

한 줄 기도

18

누구든지 나를 따라오려거든
자기를 부인하고
자기 십자가를 지고
나를
따를것이니라 마가복음 8:34
            청현재이

무리와 제자들을 불러 이르시되
누구든지 나를 따라오려거든 자기를 부인하고
자기 십자가를 지고 나를 따를 것이니라
마가복음 8:34

. .

**읊조리며
필사하기**

묵상하기

한 줄 기도

19

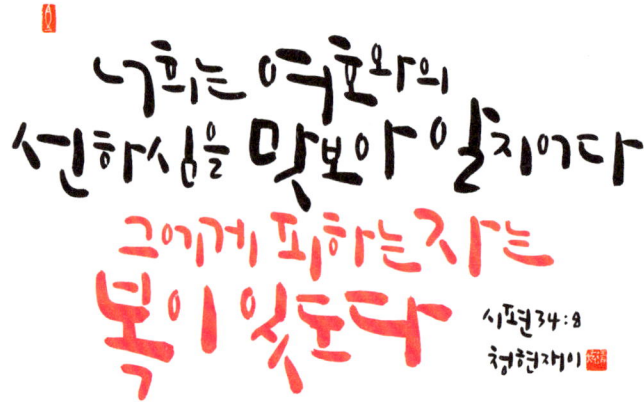

너희는 여호와의 선하심을 맛보아 알지어다
그에게 피하는 자는 복이 있도다
시편 34:8

읊조리며
필사하기

묵상하기

한 줄 기도

20

주께서 심지가 견고한 자를 평강하고
평강하도록 지키시리니 이는 그가 주를 신뢰함이니이다
이사야 26:3

**읊조리며
필사하기**

묵상하기

한 줄 기도

21

환난과 우환이 내게 미쳤으나 주의 계명은 나의 즐거움이니이다
시편 119:143

읊조리며
필사하기

묵상하기

한 줄 기도

22

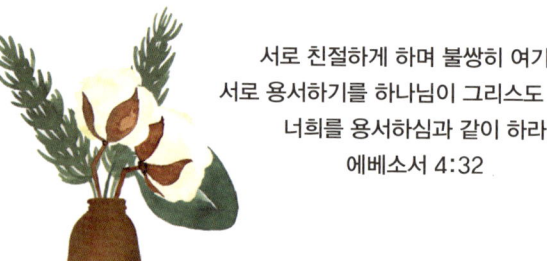

서로 친절하게 하며 불쌍히 여기며
서로 용서하기를 하나님이 그리스도 안에서
너희를 용서하심과 같이 하라
에베소서 4:32

. .

읊조리며 필사하기

묵상하기

한 줄 기도

23

내 형제들아 만일 사람이 믿음이 있노라 하고
행함이 없으면 무슨 유익이 있으리요
그 믿음이 능히 자기를 구원하겠느냐
야고보서 2:14

읊조리며 필사하기

묵상하기

한 줄 기도

24

그러므로 이제
그리스도 예수 안에
있는 자에게는
결코 정죄함이
없나니

로마서 8:1
청현재이

그러므로 이제 그리스도 예수 안에 있는
자에게는 결코 정죄함이 없나니 이는
그리스도 예수 안에 있는 생명의 성령의 법이
죄와 사망의 법에서 너를 해방하였음이라
로마서 8:1-2

**읊조리며
필사하기**

묵상하기

한 줄 기도

25

악인의 제사는 여호와께서 미워하셔도
정직한 자의 기도는 그가 기뻐하시느니라
잠언 15:8

읊조리며
필사하기

묵상하기

한 줄 기도

26

너희 안에서 행하시는 이는 하나님이시니
자기의 기쁘신 뜻을 위하여
너희에게 소원을 두고 행하게 하시나니
빌립보서 2:13

읊조리며 필사하기

묵상하기

한 줄 기도

27

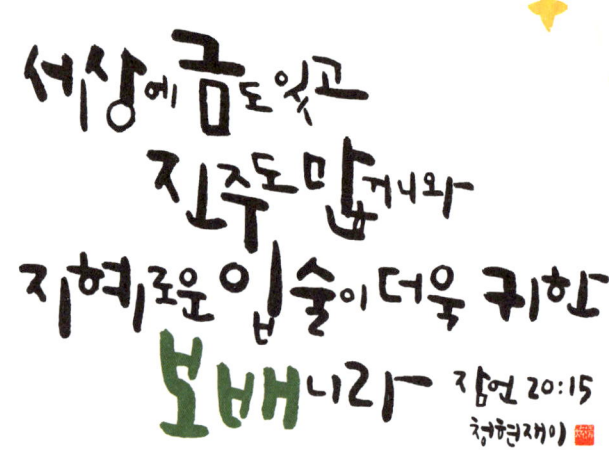

세상에 금도 있고 진주도 많거니와
지혜로운 입술이 더욱 귀한 보배니라
잠언 20:15

**읊조리며
필사하기**

묵상하기

한 줄 기도

28

내가 너를 악한 자의 손에서 건지며 무서운 자의 손에서 구원하리라
예레미야 15:21

내가 너를 악한 자의 손에서 건지며
무서운 자의 손에서 구원하리라
예레미야 15:21

**읊조리며
필사하기**

묵상하기

한 줄 기도

29

그러나 내가 가는 길을 그가 아시나니
그가 나를 단련하신 후에는 내가 순금 같이 되어 나오리라
욥기 23:10

읊조리며
필사하기

묵상하기

한 줄 기도

30

오직
성령의 열매는
사랑과 희락과
화평과 오래 참음과
자비와 양선과
충성과 온유와 절제니
이같은 것을
금지할 법이 없느니라

갈라디아서 5:22-23

오직 성령의 열매는 사랑과 희락과 화평과 오래 참음과
자비와 양선과 충성과 온유와 절제니
이같은 것을 금지할 법이 없느니라
갈라디아서 5:22-23

읊조리며 필사하기

묵상하기

한 줄 기도

31

너는 악을 갚겠다 말하지 말고
여호와를 기다리라 그가 너를 구원하시리라
잠언 20:22

. .

**읊조리며
필사하기**

묵상하기

한 줄 기도

하나님은 영이시니
예배하는 자가 영과 진리로 예배할지니라
요한복음 4:24

설교노트

날 짜   /   /

제 목

본 문

본문 말씀 필사

내 용

한 줄 기도

날 짜   /   /

제 목

본 문

본문 말씀 필사

내 용

한 줄 기도

날 짜   /   /

제 목

본 문

본문 말씀 필사

내 용

한 줄 기도

날 짜   /   /

제 목

본 문

본문 말씀 필사

내 용

한 줄 기도

날 짜   /   /

제 목

본 문

본문 말씀 필사

내 용

한 줄 기도

청현재이 매일 하루 말씀묵상 – 하나님 닮아가기 –

2020년 11월 9일 초판 1쇄 발행

지은이 : 청현재이
펴낸이 : 임동규
펴낸곳 : 도서출판 섬김과나눔
등록번호 : 제25100 - 2012 - 000089호
주　　소 : 서울시 금천구 디지털로 10길 78, 1429호
전　　화 : 02-6673-6401
팩　　스 : 02-6280-6199
이메일 : help@sgnn.co.kr
홈페이지 : www.sgnn.co.kr

ISBN : 978-89-98532-07-9

· 이 도서의 국립중앙도서관 출판예정도서목록(CIP)은 서지정보유통지원시스템 홈페이지(http://seoji.nl.go.kr)
　국가자료공동목록시스템(http://www.nl.go.kr/kolisnet)에서 이용하실 수 있습니다.
　CIP제어번호 : CIP2020044132

· 본 책에 사용한 「성경전서 개역개정판」의 저작권은 재단법인 대한성서공회 소유이며
　재단법인 대한성서공회의 허락을 받고 사용하였습니다.
· 본 책에 실린 청현재이 작품의 무단전재와 무단복제 사용을 금합니다.
· 파본은 교환해 드립니다.
· 도서의 가격은 표지 뒷면에 게재되어 있습니다.

Copyright ⓒ 청현재이　All rights reserved